An Trodaí
agus dánta eile

The Warrior
and other poems

Dairena Ní Chinnéide

Translations by the author

Cló Iar-Chonnachta
Indreabhán
Conamara

An Chéad Chló 2006
© Cló Iar-Chonnachta 2006

ISBN 1 905560 03 6
978-1-905560-03-5

Obair Ealaíne: Michael Travers
Dearadh clúdaigh: Clifford Hayes
Dearadh: Foireann CIC

Bord na
Leabhar
Gaeilge

Tugann Bord na Leabhar Gaeilge
tacaíocht airgid do Chló Iar-Chonnachta

arts
council
chomhairle
ealaíon

Faigheann Cló Iar-Chonnachta cabhair airgid
ón gComhairle Ealaíon

Clóchur: Cló Iar-Chonnachta, Indreabhán, Conamara
Teil: 091-593307   **Facs:** 091-593362   **r-phost:** cic@iol.ie
Priontáil: Clódóirí Lurgan, Indreabhán, Conamara
Teil: 091-593251/593157

Buíochas le Nuala Ní Dhomhnaill a bhí mar oide agam faoi Scéim Oidí Bhord na Leabhar Gaeilge, agus murach í ní bheadh an leabhar curtha le chéile. Buíochas le Cathal Ó Searcaigh dá thacaíocht. Buíochas do Mhichael as éisteacht leis na dánta as Béarla.

Clár / Contents

IV
An Trodaí / *The Warrior*

An Trodaí
The Warrior

Do Jeaic

'Ní fiú mórán beagán,
ach is fiú mórán beagáinín céille.'

I

Cosán na Naomh

Cosán na Naomh

Macalla na gcos thar Chnoc na Cathrach
Faoi cheobhrán Nollag, ag canadh,
Tá manaigh Chill Maolcéadair
Ar oilithreacht na gcnoc
Go buaic Chnoc Bhréanainn.

Glaonn Piast Chorráilí as a poll
Is na manaigh cosnochtaithe
Ag dordán lena gceol.
Gaois na Péiste á bhfaire,
Lena gcosa ceolmhara
Go buaic Chnoc Bhréanainn.

Tá an Phiast ina tost anois
Á bhfaire ó dhoimhneas a poill,
Finscéal leanaí óga an pharóiste
Go codaltach ag gnúsachtaíl
Óna loch sa ghleann
Is na manaigh ag canadh
Suas go buaic Chnoc Bhréanainn.

Siúd leothu thar Chom an Lochaigh
Ag féachaint síos uirthi.
Tá na manaigh ag éisteacht
Le macalla a gcantana íseal
I sceirdiúlacht an ghleanna.
Fathach mór gleanna
Is na manaigh ag canadh
Faoi bhun Chnoc Bhréanainn.

The Saints' Path

Echo of foot over Cnoc na Cathrach
Under winter mists, singing,
Cill Maolcéadair's monks are on
Their pilgrimage to the mountain
To the top of Mount Brandon.

Corráilí's Serpent cries from his hole
As the barefooted monks
Murmur with their music
With their lively feet,
Watched by the wily Creature
To the top of Mount Brandon.

The Serpent is quiet now
Watching them from the depths of her lair,
The legend of the parish children
Sleepily snoring
From her lake in the glen
And the monks sing
To the top of Mount Brandon.

There they pass by Com an Lochaigh
Looking down on it.
The monks are listening
To the echo of their quiet song
In the barrenness of the valley.
A great giant of a glen
And the monks sing
To the top of Mount Brandon.

Suas faoin bhfána géar
Cloiseann siad cnuchairt na gcloch
Faoina sálaí cosnochtaithe,
Análú is amhrán in éineacht,
Slí bheannaithe Bhréanainn
Fáisciúil faoi cheo na doircheachta
Is na manaigh ag análú
Suas go buaic Chnoc Bhréanainn.

Gileacht na maidine ag spréachadh
Ar bhuaic Chnoc Bhréanainn,
Scamaill na maidine ag éirí
Ó bhoghaisín daite na spéire.
Siúd an Ghaillimh ó thuaidh
Is na Blascaodaí ó dheas,
Paróiste Múrach fé do shúil.
Faireann na manaigh
Ar áilleacht an domhain
Maidin gheimhridh
Ar bhuaic Chnoc Bhréanainn.

Beannaítear go sollúnta an uain
Is scaoiltear paidreacha
go ceithre hairde Éireann.
Seo í a mbeann,
Láthair bheannaithe Bhréanainn
Tagtha anall ó Chill Maolcéadair
Chun fáiltiú roimh chaochlú an tséasúir
Roimh fhocal Dé
Is roimh dhúthaigh Bhréanainn na háilleachta.

Up they go on the steep slope
They hear the crunching of stones
Under their barefooted soles,
Breathing and singing at once,
On Bréanainn's sacred path
Welcoming under the night's mist
As the monks breathe
To the top of Mount Brandon.

Morning's brightness splays itself
On the peak of Mount Brandon,
As the clouds lift
From the rainbow sky.
There lies Galway to the north
The Blaskets to the south,
The Parish of Moor under you.
The monks watch
The beauty of the world
On a winter's morning
On the top of Mount Brandon.

The day is greeted solemnly
And prayers are spread
To the four corners of Ireland.
This is their peak,
The sacred space of Bréanainn
Over from Cill Maolcéadair
To welcome the transformation of the seasons
To welcome the word of God
And the beauty of Brandon's Duibhne.

Tá clocháin faoi thalamh
Ar Chosán na Naomh
Is táid faoi thalamh fós
Go dtuigtear a bhfiúntas,
Thar Chathrach go Corráilí
Go Baile an Lochaigh suas.
Bhí rún ag na manaigh
Is iad ag canadh leo
Ar a mbóithrín cos
Go buaic Chnoc Bhréanainn.

II

Folaithe ag Cuan Fionntrá
Chuaigh an chéad chéim
Ar ghaineamh na trá
Faoi dhoircheacht na maidine,
Tús na hoilithreachta
Mar ar ghaibh págánaigh tráth,
A gcosa fliuchaithe in uiscí na habhann
Baisteadh úr ar an gcosán beannaithe,
Thar ghaineamh na trá
A n-aghaidh ar Chnoc Bhréanainn.

Faireann taibhse Fhinn Mhic Cumhaill
Na manaigh is iad ag ceol,
An mhaidin ina scoilt idir scamaill
In uachtar na spéire.
Láthair an chatha idir
Impire an Domhain seachas Éire is é
Faoi dhorchadas na sprid
A sheas rompu ar an dtráigh
Is iad ag tabhairt faoi Chnoc Bhréanainn.

Loans

Petronilla O'Connor
8 Mar 2024

Trodai agus danta eile = the warrior and other p
Ni Chinneide, Dairena
Item barcode: C503698252
Due date: 29 Mar 2024

Medieval Irish pilgrims to Santiago de Compostel
Cunningham, Bernadette
Item barcode: C901739245
Due date: 29 Mar 2024

There are *clocháns* underground
On the Saints' Path
And they lie underground still
Till we know their reason,
From Cathrach go Corráilí
To Baile an Lochaigh and on.
The monks held a secret
As they sang their way
On the path of feet
To the top of Mount Brandon.

II

Sheltered by Ventry Bay
The first step was made
On the sands of the strand
Under the darkness of morning,
The start of the pilgrimage
Where pagans once stepped,
Their feet wet by the water of the river,
A fresh baptism on the holy path
Heading towards Cnoc Bhréanainn.

The ghost of Fionn Mac Cumhaill watches
The monks and their singing,
The morning a slice
Off the top of the sky.
The scene of the battle between
The Emperor of the World except Ireland and he
Under the darkness of the spirits
That stood once before them on the strand
Heading towards Cnoc Bhréanainn.

Leanann liodán paidreacha go Leataoibh
Idir Mhór is Bheag is lúbach,
Idir fál sceach is clathacha cúnga.
Ardaíonn fuaimeanna na manach
Ar an mbóithrín caol
Thar Chill na gColmáin
Is Teampall na gCluanach
Maidin gheal, fhuar gheimhridh
Ar a mbealach chun Chnoc Bhréanainn.

Tá draíocht ar an mbóthar,
Draíocht na n-aoiseanna
Is na coiscéimeanna a chuaigh rompu,
Cantaireacht bheannaithe ar an aer,
Séipéilín Ghallarais ina thearmann.
Le guí chun thríonóid Dé
Go bhfanfadh na sprideanna ina suan
Ar theacht an Earraigh.
Tá ciúnas mealltach titithe
Ar an gcosán naofa go Cnoc Bhréanainn.

Cé mhéid clochán faoi thalamh
A luíonn faoin gcosán beannaithe?
Cár fholaigh siad a luach sa chré?
Cén treabh a chuir fáilte roimh
Ghealach is grian
Ar sprioc na hoilithreachta?
Is a bhfuil a gceol san aer fós
Mar chór anama leis na manaigh
Is iad ag treabhadh leo go Cnoc Bhréanainn?

A litany of prayers follows to Leataoibh
Big and Small and winding
Between briars and narrow ditches.
The sounds of the monks rise
On the narrow path
Past Cill na gColmáin
And Teampall na gCluanach
On a bright, cold winter's morning
On the way to Cnoc Bhréanainn.

There is magic on this road,
The magic of ages
And the footfalls of those past,
Liturgical singing in the air,
Séipéilín Ghallarais a sanctuary.
There they'd pray to the trinity of God
That the spirits would be at peace
Before the coming of Spring.
A magical silence has fallen
On the holy path to Cnoc Bhréanainn.

How many *clocháns* underground
Lie under the holy path?
Where did they hide their worth in the earth?
Which age welcomed
The sun and the moon
On the end of the pilgrimage?
Is their song still in the air
Like a choir of souls with the monks
As they make their way to the top of Cnoc Bhréanainn?

I gCill Maolcéadair tráth
Bhí an Ghlas Ghaibhneach
Is ní thabharfadh sí bainne,
Nó go raibh manach ag guí tráth
In aice na cloiche beannaithe
Is tháinig bainne tríd an bpoll
Is ní raibh ganntanas ann choíche.
Cé acu Dia a bhí in uachtar?
Ach arbh é go raibh poll sa soitheach?
Turas eile beannaithe
Ar an mbealach go Cnoc Bhréanainn.

Ba ise an bhó a thál bainne dá dturas,
A bhronn bainne bó bleachta ar mhanaigh
Is tart an turais á dtachtadh.
Thaistil sí an dúthaigh
Le go roghnódh sí féar.
Géimneach na mbó
Ag ísliú tuin na manach is iad ag canadh.
Taibhsí Shéipéal Maolcéadair
Ag cantaireacht in éineacht,
Ach leanann na manaigh lena nglór Críostaí
Is iad ag déanamh ar Chnoc Bhréanainn.

Tá tráthnóna geimhridh titithe
Is faoi réiltín spéire gabhann cos eile,
Ciúin anois agus na manaigh ag tochailt faoi thalamh
Ag fágaint rún nó ag tógaint ime.
Tá briseadh sa chantaireacht
Atá ag na manaigh,
A rún go ciúin, doimhin iontu
Suaimhneas ina gcroíthe
Is iad ag tabhairt faoi
Bhuaic Chnoc Bhréanainn.

In Cill Maolcéadair once
There was the *Glas Ghaibhneach*
And she wouldn't give milk,
When a monk sat praying
Near the holy stone
And milk poured from the hole
And there never again was a want.
Which God prevailed?
Or was the milking vessel pierced?
Another sacred point
On the journey to Cnoc Bhréanainn.

She was the cow that gave milk for the journey,
Granting milky liquid to the monks
Whose thirst was choking them.
She wandered the district
That she might choose fine grass.
The bellowing of the cow
Drowning the singing monks
The ghosts of Maolcéadair's church
Singing in unison
But the monks continue with their Christian chants
Making their way to the top of Mount Brandon.

A winter's evening has fallen
And under the star another foot falls,
Quiet now as the monks burrow underground
Leaving a secret of taking butter.
There is a break in the chanting
The monks have been singing,
Their secret deep within them,
Peace in their hearts,
As they make their way
To the top of Cnoc Bhréanainn.

II
An Blascaod Mór

Ceobhrán Mara

Folaithe ón oileántír
Gan neart agam chuige
Ceobhrán titithe sa chiúnas
Is gliondar ar mo chroí.
Níl neach ach éin im fhochair
Is gloineacht i mo mheon
I bhfochair seo an oileáin
Táimse neadaithe.

Níl buaireamh an tsaoil
Ag déanamh spior spear díom
Ach suaimhneas aigne –
An tseoid is luachmhaire.

Le mo mhaicín ar shiúl
Tá saoirse anama
Is fáilte i dtaiseacht an cheo.
Mar go bhfuilim mar Thiaracht
Stuaic i lár farraige
Gan aon ní saolta
Ag déanamh buartha díom.

Sea Mist

Sheltered from the mainland
Bereft of power
A mist settled in the quiet
And a delight in my heart.
Not a being but birds beside me
In this bosom island
I am nesting.

The worries of life
Do not make a mockery of me
But peace of mind –
That most precious jewel.

My son is wandering
And I have freedom of soul
With the wet welcome of the mist.
I am like the Tiaracht
A peak in the sea
Without any worldliness
To bother me.

Ceolfhoireann

I gcoim oíche an oileáin
Le coinnle lasta
Cloisim scréachaíl na n-éan.
Meán oíche ag bagairt
Is na héanlaithe ag ceiliúradh.
Pluais coinín anso
Is pluais coinín ansiúd
Iad neadaithe don oíche
Ag strachailt ar a mboilg
Le glór na mná sí
Go bhfaighidís suan.

Bhí coinnle lasta
Is an ghaoth ag éirí
Is ceolfhoireann shiansach
Na gcánóg dubh
Am chur chun suain
Ar oileán mara
Sa doircheacht.
Is mise go sámh
I bhfochair mo mhuintire.

Symphony

In the darkness of the island night
With candles lit
I hear the screeching of the birds.
Midnight beckons
As the birds celebrate.
A burrow here and there
A rabbit's den
As they nestled for the night
Struggling on their bellies
With the sound of the banshee
That they might find peace.

There were candles lighting
As the wind rose
And the symphonic sound
Of the Manx shearwaters
Putting me to sleep
On an island
In the darkness.
And I at peace
Amongst my ancestors.

Cuimhní Cinn

Ón mbothán, tá radharc
Ar thigh na gCathánach,
Cíobhánach i mbun múinteoireachta
Go dtit a dheirfiúr
I ngrá le Mícheál Mhuiris
A thóg an Bóthar
Le meitheal fear ón oileán
Tar éis a bháite.
Gaol clainne leis an oileán
Níos luachmhaire ná seoid
Is mé ar mo shuaimhneas
Ag cur cuimhní cinn
Le fothraigh thréigthe
D'fhonn gaol na fola
A dhúiseacht.

Reminiscence

From the hut, there is a view
Of the Ó Catháin house,
Kavanagh the teacher there
Till his sister fell in love
With Mícheál Mhuiris
Who built the Bóthar
With a meitheal of islanders
After his drowning.
Familial tie with the island
More precious than a jewel
And I at ease
Making sense of lives
From abandoned ruins
To stir the tie of blood
In awakening.

Oileán Faoi Cheo

Tá Oileán na nÓg faoi cheo
Is cuma leadránach ar na cuairteoirí
Níl ach neach nó dhó istigh
Is na báid fós ag teacht.

Tá Tráigh na hEarraí ar Oileán Bán
Tá Cuas aoibhinn na Finise
Is Tobar an Bhuailteora
Ach tá Déithe an tSolais
Ag bagairt cheo na rúndachta
Ar gach taobh
Go gcasfaidís ina ndaonnaithe
Chun scrios a tharrac.

Island Under Mist

Oileán na nÓg is under mist
And a weary look about the visitors
There are only one or two souls inside
And the boats still come.

Tráigh na hEarraí is on Oileán Bán
And the beautiful sheer Cuas na Finise
And Tobar an Bhuailteora above it,
But the Gods of Light
Are threatening privacy
On all sides
That they become mortal
And create havoc.

Taibhsí an Oileáin

Tá taibhsí an tí ag fóraoil orm.
Ní fios cén treabh lenar bhain siad.
Ach glór na dtonn ón dTráigh Bhán
Is inneall báid
Ag tabhairt cuairteoirí isteach
Go hOileán an Aoibhnis

Scaiptear na báid
Is mé im bhotháinín im aonar.
Tá suairceas na nOileánach
Im fhochair
Tá friotal a n-anama
Ciúnaithe.
Is tá cór na dtaibhsí
Lem chur chun suain
Go dtuga na báid
Cuairteoirí an lae amáirigh
Isteach go hOileán an Aoibhnis.

Island Ghosts

The island ghosts beckon me.
I don't know their tribe.
But there is a wave of sound from An Tráigh Bhán
And the sound of an engine
Bringing visitors into
The island of beauty.

The boats scatter
And I in my hut alone.
The joyousness of the Islanders
Beside me
The expression of soul
Has quietened.
And the choir of ghosts
Putting me to sleep
Till the boats come
With tomorrow's visitors.

An Botháinín

Do Ray Stagles

Fáilte an dorais ghlais
Súil fothraigh suas uaim
Le fána an chosáin.
I gcliabhán an bhaile thuaidh
Tochailte isteach sa bhotháinín
Sciatháin suaimhnis
Ar gach taobh díom.
Ag faire amach an doras.
Ó chompord na leapan
Tá báthadh na taoide
Le clos uaim síos
Is éinín beag ar
Fhuinneog dhíon na spéire
Os mo chionn.
Gan aon rian aitis
Ná tochas intinne
Ach suaimhneas
Ar mo sháimhín só
Ar an mBlascaod Mór istoíche.

The Hut

For Ray Stagles

A green door of welcome
With an eye on the ruins below
As the path wound down.
Into the arms of the village
Wedged into the little hut
A wing of peace
On either side of me
Watching out the door.
From the comfort of the bed
I hear the drowning of the tide
Below me
And a tiny bird on
The roof window of the sky
Above me.
With no strangeness
Or any mental itch
Only peace
At my ease
On the Great Blasket at night-time.

III
An Tríú hÉan

An Tríú hÉan

Tháinig ceann 'dtí an bhFeothanaigh
Is chac sé ar mo philiúr,
An taobh gurb ansa liom codladh.
An oíche tugtha istigh ag an spideoigín.

Tháinig ceann 'dtí an gCuas,
Níos mó is níos doinne,
Sceimhlithe ag an bhfuinneog
Is chac sé ar bhríste mo mhic.

Tháinig ceann 'dtí an mbothán
Folaithe ar an mBlascaod Mór,
Cneastacht ina bhídínteacht
Is d'osclaíos an doras is amach leis.

Trí gheas ó éanlaithe na sí
Am fhaire ón scáthshaol
Is guaiseacht na tairngreachta
Ag ceansú mo mheoin.

The Third Bird

One came to Feoghanagh
And shat on my pillow,
On the side I like to sleep.
The robin spent the night inside.

One came to Cuas,
Bigger and browner,
Petrified of the window,
And shat on my son's trousers.

One came to the hut
Nestled on the Blasket Island,
Friendly in its tininess
I opened the door and off it went.

Three spells from the fairy birds
Watching me from the shadow-life
And the perilousness of prophecy
Strengthening my resolve.

Corca Dhuibhne

Domhnach gréine ar Thráigh Chlochair
Taoide tráite, báite ag fuaim
Na leanaí mbeag ag rince san uisce.
Borraí ag glioscarnach
Gaineamh órga an Chlochair
Á fhaire ag goirtíní glasa
A shileann síos le fána cois faille.

Siúd suas an Chlasach
Maisithe le méaranta púcaí
Corcra ar thaobh an bhóthair.
Stad is tóg radharc led anáil:
Paróiste Múrach sínte ar chlé
Márthain thíos, Fionn Trá romhat
Dún Chaoin led dhroim
Spéir gan scamall thuas
Gan Críostaí ag labhairt
Ach fuaim na gaoithe boige
Ag cogarnaíl faoin dtor.
Nach álainn í!
Nach socair a bhíonn mo chroí ag taisteal inti
'Gorta Glasa Chorca Dhuibhne'.

Tá m'athair i ngach casadh
Ar bharr gach sléibhe
I mbéal gach cuain.
Ar gach cor den mbóthar
Cloisim a ghlór binn.
Nach aoibhinn do chuimhne
A shíneadh go smior Duibhneach
Is go ndéanfainn teagmháil leis an dtost.

Corca Dhuibhne

Sunny Sunday on Clochar Beach
Ebbed tide, drowned by the
Sounds of the little children
Dancing in the water.
Waves glisten,
The golden sand of Clochar
Watched by the green fields flowing down the cliffside.

There rises the Clasach
Dressed with foxglove
Purple by the roadside.
Stop and inhale the view:
The Parish of Moor stretched on the left
Márthain below, Ventry before you
Dún Chaoin to your back
A cloudless sky above
Without a sound
Except the soft wind
Whispering under a bush.
How beautiful it is!
The green fields of Corca Dhuibhne.

My father is at every turn
On the mountain's top
At the mouth of every bay.
In every turn of the road
I hear his sweet sound.
How wonderful your memory
Stretching to the core of Duibhne,
That I may talk to the silence.

Jeaic

Ní scarfad uait, a mhaoinín,
Ach sleamhnód uait
Le teacht is imeacht aimsire.
Ní scarfad uait im chnámha,
Ní scarfad uait im chuisle,
Ní scarfad uait im chroí.
Bead mar charraig
A imeoidh faoi cheobhrán
Ach a bheidh teanntaithe
Gan bhogadh
Pé saghas aimsire,
Le mo sí-lámh ar do chorp
Pé áit a seolann an domhan tú.
Seolfaidh mé anáil na fiosrachta,
Seolfaidh mé anáil an ómóis saoil,
Cumhdód is fáiscfead thú,
Más mar sin do mheon is do mhian.
Is scaoilfead leat
Nuair is dual duit mo sciatháin
A thréigean.

Jeaic

I will not stray from you, *a mhaoinín*,
But I will slip away
With the comings and goings of time.
I will not stray in my bones,
I will not stray in my pulse,
I will not stray in my heart.
I will be like a rock
Submerged in the mist
But rooted
Without movement
In any type of weather,
With my fairy hand on your body
Wherever the world takes you.
I blow the breath of curiosity,
I blow the breath of life's embrace,
I will care for and hold you
If that is your spirit and your desire.
And I will let you go
When it is time for you
To abandon my wings.

An Séú Tigh

An séú doras
An séú cistin
An séú leabaidh

Sé mhíle boladh
Sé chéad fuaim

Ceithre bliana, súile oscailte
Ceithre bliana, sé thigh
Ceithre bliana, seasca doras
Aon mháthair.

Treabh gan tigh
Treabh bheirte
Treabh ghluaiseachta
Teaghlach treibhe
Faoi dhíon an tsaoil.

Go luí tú chun suain
Faoi dhíon fáiltithe mo lámh
Ag doras tosaigh mo ghrá
Níos buaine riamh ná aon díon tí
Ná úinéireacht chloiche.

The Sixth House

The sixth door
The sixth kitchen
The sixth bed

Six thousand smells
Six hundred sounds

Four years, eyes open
Four years, six houses
Four years, sixty doors
One mother.

Homeless tribe
Tribe of two
Tribe of movement
Household tribe
Under the roof of the sky.

That you may lie in peace
Under the welcoming roof of my hands
At the front door of my love
More constant than any roof
Or ownership of stone.

An Stail Dhubh

Do Mhichael

An mbraitheann sé an chumhacht?
Beirt stail de chos dhubh
An chéad radharc aici
Ina mearbhall.
Má tá féinig tá
Stróinséireacht chultúrtha eatarthu.
Bhí stathach fir ina haice
Is bhí sí caillte.
Ise nach snámhfadh
Go lúfar géagdhírithe
Isteach i bhfáisceadh an fhir seo,
Ainmhí a thug is a thóg anáil in aon turas.
Glioscarnach thintriúil eatarthu
Is frith-thuiscint.
Ní raibh aici eireaball éisc
Ach do shnámh sí,
A scámhóga ag sú seaimpéin
Na mbéas
Mar go rabhthas ag caitheamh go hálainn léithe
Mar bhean
Ach uisce sáile an bháis á tachtadh
Sa bhfrithscamall istigh
Is í ag iarraidh an domhan
Mórthimpeall a dh'aithint
Faoi dhíon spéire le hais foscadh an chaisleáin.
Tocht tuisceana ag pléascadh,
Snámh ón ndoircheacht
Isteach i ngéaga tabharthúil a leannáin
Is a stail coise duibhe a fháisceadh.

The Black Stallion

For Michael

Does he feel the power?
A pair of stallion thighs
Her first sight
Confusing.
If indeed so
A cultural strangeness between them.
There was a fine man beside her
And she was lost.
She who would not swim
So skilfully limb-directed
Into the embrace of this man,
Animal who took breath and at once gave
A lightning sparkle between them
And deep understanding.
But she did not have the fish's tail
But she swam,
Her lungs sucking the champagne
Of good manners
Because she was being well-treated
As a woman
But the salt water choking her
Inner cloud
As she tried to recognize
The world around her
Under the roof of the sky in the clutches of the castle.
A burst of understanding welling
To swim from the darkness
Into the welcoming arms of her lover
And embrace those two black stallion thighs.

An Bhabaire*

Do Mhichael Hurley

Bean ag babaireacht
Ar chlaí
Gadhar ag sceamhaíl
Lena ceol
Fuaim poirt ag rince
Ar chosán na gaoithe
Is an bhabaire
Ag luascadh lena ríl
Is na síoga ag déanamh
Col seisir le ceol
Na seanmhná, tráthnóna.

* Focal Duibhneach ar bhean a bhíonn ag feadaíl.

The Whistler

For Michael Hurley

A woman whistles
On a ditch
A dog whines
To her music
The sounds of the tune dance
On the wind's path
And the whistler
Sways to her own rhythm
With the fairies doing
A six-hand reel
To the old woman's music
At evening time.

Fuascailt

Ba ghile, doimhne aon smior smear amháin seo
Ná fiche bliain tochailte craicinn le haon fhear;
I mbinneas na siosarnaí áille
I bhfáilteachas gach cnámh ar chnámh
I bhfuascailt anama a chuid ceoil cholainne.

Míle bliain a tháinig sé chuici
Seanachorp ársa, óg is oscailte in aon turas
Meon aigne níos doimhne ná uiscí na farraige
Geasa a ghlélúidín ar a gnúis
A mheall siar í go tús ama.

Anam le hanam ar feadh scaithimh.
Gan glór le cloisint ach fuaim dhraíochta
Gan aon fhocal pras ná íseal
Ach paidrín fada corónach chun na bhflaitheas.

Tugadh ar thuras an oíche sin í
A chealaigh aon chos ar chos a chuaigh roimis
Corp a sáthadh go smior, gan peaca uirthi ach a hóige
Pian a srac ina dhá leath í le mire
Gníomh a sháigh idir a dhá súil í le náire
Is eagla níos corraithe ná lá stoirme
A d'fháisc sí ina haigne feadh a saoil.

Do tháinig a saighdiúir maitheasa
Is scaoil sé geasa an oilc
D'oscail sé bláth a maighdeanais thréigthe
Is do chan sé léithe go ciúin.

Deliverance

One spark was deeper, brighter
Than twenty years of any man's skin
In the sweetness of the murmuring
A soul release in his body's music.

A thousand years he came to her
Body ancient, youthful and open
An attitude deeper than the waters of the ocean
The spell of his fingers on her cheek
That stole her back to the mists of time.

Soul upon soul for a spell
Without a sound but a magic sound
Without a word but a quiet word
And a long rosary to the heavens.

She was brought on a journey that night
That cancelled the trampling that went before
A body pierced without sin except her youth
Pain that tore her in half with madness
An act that struck between her eyes with shame
And a fear worse than a stormy day
That she embraced all her life.

But her soldier of goodness came
And released the spell of badness
He nurtured her abandoned virginity
And he sang to her quietly.

Mar a bheadh radharc bharra cnoic lá gréine
Do leath an ghrian ar a cosa
Do chuala sí cantan na manach
Leath sí a sciatháin mhóra ar mhaitheas an tsaoil
Leagadh lámh ar leochaileacht a hanama
Is tháinig sí aghaidh ar aghaidh léithe féin den gcéad uair.

Seacht maslaí agus maisle ort, a fhir,
A shantaigh cuid colainne do chomharsan
Báite i nduibhe dhorcha ar feadh tríocha bliain
Gur leagadh solas ar uafás an ghnímh.

Do sheas sí faoi sholas na gealaí
Ach ní raibh aon gha ann;
Do sheas sí faoi bháthadh na gréine
Ach níor bhraith sí aon teas;
Do bháigh sí í féin in uiscí gorma
Ach ní raibh aon fhliuchras ann;
Tar chúichi arís, a thaibhse fir,
Go leagfaidh sí a géaga ar do chorp
Go bpógfaidh sí do dhá shúil
Is go luífidh sí siar chun suain.

Mar ná fuil ar an saol seo
Ach lasair a bhíonn faoi dhoircheacht
Is do scaoil mo shaighdiúirín an gheas.
Feictear anois mé
Faoi sholas na gealaí.
Dóitear anois mé
Faoi theas na gréine.
Is téim ag snámh in uiscí gorma

Go n-ólaim fliuchras an tsáile
Im steillbheathaidh.

Like a mountain view on a sunny day
The sun spread at her feet
She heard the chanting of the monks
And spread her wings on the goodness of the world
A hand laid on the fragility of her soul
She came face to face with herself for the first time.

Seven curses and swears on you, man,
Who coveted your neighbour's goods
Drowned in blackness for thirty years
Till light was shed on the filth of the act.

She stood beneath the light of the moon
But there was no ray;
She stood beneath the beating sun
But felt no heat;
She drowned herself in blue waters
But she could not get wet.
Come to her, o ghostly man,
That she could lay her limbs upon you
That she kiss your two eyes
And that she lie back in peace

For this life holds only
A spark beneath the dark
And my soldier lifted the spell.
I am now seen
Under the light of the moon.
I am now burned by the heat of the sun.
I swim in blue waters

That I might drink the salt water
Brilliantly alive.

Bealtaine Gréine

Suaimhneas an tsamhraidh sa Bhealtaine
Is coisíní beaga
Ag lapadaíl san uisce.
Bricíneach na gréine á shú
Sna treabhsair ghearra.
Gliomach is ordóga chun tae,
Gaineamh i mbun na leapan.
Tá suaimhneas an tsamhraidh sa Bhealtaine
Is na péileacáin ar fóraoil.

May Sun

The peace of summer in May
And little legs paddle
In the water.
The freckles of the sun
Being soaked
In short pants.
Lobster and claws for tea,
Sand at the end of the bed.
The peace of summer is in May
And the butterflies are wandering.

Borraí Duibhneach

Meallann do bhorraí mo chorraitheachtsa.
Ceansaíonn tú scáil m'aigne.
Ardaíonn is íslíonn do ghlór
Siosarnach mo chuisle.

Féach Cuas na Ceanainne thuas
Is do bháidín ag luascadh.
Lúbfaidh mé do mheon.
Le cleasaíocht mo shuaithidh.

Ardód is ísleod thú
Pé an uair isló.
Slogfad síos go grinneall thú
Go bhfeicir loinnir an tsolais
Ar bharra taoide
Ag síorimeacht uait
Isteach sa tsíoraíocht.

Tábharfad gléléinseach go Bréanainn dhuit,
Ag gabháil thar Fhothair na Manach,
Agus is socair a bheidh do bháidín
Ar mo bhruach.

Le héisteacht mo chaointe,
Le faire na scamall,
Le braistint na gaoithe,
Is focail an iascaire,
Beidh tú slán.
Ach bí aireach fós.

Waves of West Kerry

Your waves entice my unrest.
You empower my mind
Your sound rises and falls
Like the murmuring of my pulse.

Look up to Cuas na Ceanainne
As your boat rocks.
I will bend your will
With the playfulness of my eruption.

I will rise and lower you
Any time of day.
I will swallow you down
Till you see the shaft of light
At high tide
Ever flowing from you
Into eternity.

I'll grant you calm water to Brandon
Passing by Fothair na Manach,
How peaceful your boat
At my edge.

With the sounds of my cries,
Watchful of the clouds,
With the feel of the wind,
And the fisherman's word,
You will be safe.
But be ever watching.

Cailéideascóp

Sciorrann an ghaoth ag lag trá
Thar ghaineamh fliuch na hInse,
Mar mhearbhall smaointe
Ag eitilt le luas na gaoithe.
Dromchla na farraige
Mar chraiceann scadáin
Ag brú i gcoinne an aeir,
Capaillíní suaite
Ag cogaíocht
Lena n-eireabaill bhána
Ag rince go pras,
Scáil na gréine ar lag trá,
Cailéideascóp na hintinne.

Kaleidoscope

Wind whirls at low tide
Over wet sands at Inch,
Like a tempest of thoughts
Flying with the speed of the wind.
The sea's surface
Like a herring's skin
Pushing against the air,
Tempering horses
At war
With their white tails
Dancing briskly,
Reflections of the sun at low tide,
Kaleidoscope of the mind's eye.

Satori

Ní *satori* ach suaimhneas aigne
Ní Sanscrait ach Gaolainn
Átáim a cheansú
Sruthán aigne
Ón oirthear
Ag sileadh suas sliabh.

Satori

It's not *satori* but peace of mind
Not Sanskrit but Irish
I am trying to command
A stream of mind
From the east
Flowing up a hill.

Grá gan Zen

An é an folús
A mheallann mé?
Iomrascáil tuisceana
Is éadóchas mar thoradh.

Is é sin nádúr an ghrá

B'fhearr dúinn *Zen*
Mar thuiscint
Ach ní sháraíonn san
Tocht tuisceana.
Nádúr is oscailteacht,
Mar níl ann ach

Folús

Éiginnte gan toradh.

Love minus Zen

Is it the vacuum
That attracts me?
Conflagrations of understanding

That is the nature of love

Would we prefer Zen
As an understanding.
But it does not succeed
The depth of emotion.
Nature and openness,
Because it is merely

A vacuum

Uncertainty without resolve.

Ciúnas

Shruthlaigh an bháisteach lasmuigh,
Ciúnas i mo cheann
Mar a bheinn faoi gheasa.
Chonac mé féin
Ciúnas aisteach
An dorchadas imithe
Eagla imithe ós na súile.
Féach arís.
Fós ann.
Fuaim na báistí fós lasmuigh.
Ciúnas.

Silence

Rain filtered outside,
Quiet in my head
As if under a spell.
I saw myself
Strange silence
Darkness gone
Fear flown from the eyes.
Look again,
Still there.
Rain sounds outside.
Silence.

Gaillimh le Gaoth

Gaillimh le gaoth
Crusties ag déanamh a gcoda
Hippies ag stracadh leo
Trads ag seinm
Rock 'n' Pop ag *jamm*áil
Aisteoirí ar an dól
Luch Bhleá Cliath ag ól
Winos ag lorg airgid
Buskers ag lorg níos mó
Eachtrannaigh ag lorg Árann
Is ailtirí ag tógaint leo
Luxury Apartments ó thalamh
'Cois Cuain' nach mbeidh ann níos mó.

corp crochta i mBearna

Big Geraniums, Little Fish,
Sawdoctors, Sex Kitchens
Mile High Club, Reggae Room
Castle, Warwick, Setanta
Arts' Fest, Film Fleadh …
Tar éis mo shoipín i dTigh Neachtain
N'fheadar cén tuiscint
Atá agam ar an
mbailiúchán ciotach seo.

fuarthas corp sa choill

Beocht ó mhaidin go hoíche
Lefties, Sóisialaigh, *dropouts*
Knockouts, lucht ealaíne is

Galway to the Wind

Galway to the wind
Crusties doing their thing
Hippies hanging around
Trad heads playin'
Rock 'n' Pop jammin'
Actors on the dole
Dubliners drinking
Winos looking for money
Buskers looking for more
Strangers seeking Aran
And architects building
Luxury apartments
'Cois Cuain' that will be no more

a body hangs in Barna

Big Geraniums, Little Fish,
Sawdoctors, Sex Kitchens
Mile High Club, Reggae Room
Castle, Warwick, Setanta
Arts' Fest, Film Fleadh . . .
After my sup in Neachtain's
I don't know
What to make
Of this mishmash town.

a body hangs in Barna.

Life from morning till night,
Lefties, Socialists, dropouts,
Knockouts, artsy-fartsies,

Ceirde, polaiteoirí,
Teanga ag troid
Treabhanna ag goid
Óna chéile
Lena suaithinseacht fhánach.

Ach bhí duine amháin
Nár éist éinne lena ghlór
Is a dhá chois ag crochadh
Ó chrann i gcoill Bhearna

Cuma cén spleodar mórthimpeall
Cén fhaill a d'imir an saol seo air?
Díbeartach i gCathair na dTreabh.

Politicians and labourers,
A language fighting
Tribes stealing
Their wayward individuality.

But there was one
Whose voice was not listened to
His two legs hanging
From a tree in Barna wood.

What of the buzz around
What did life deal to him?
Exile in the City of the Tribes.

Cíocha Abú!

Mo chíocha boga ar ghaineamh garbh.
Táid amuigh faoin dtor lá gréine
Ó cheangal is dlí na gcordaí damanta.
Is í an chéad ghal, an chéad phóg,
Fáisceadh craicinn ar an ngaineamh
Scaoilte amach toisc an aimsir bhreá.
Cead dul amach sa bhfothain seo.
Tá siad i bhfoscadh na gcarraigeacha
Is ag titim den bhfaill thuas
Áit a sheasadh fear fiosrach lena
Theanga ar leathadh le hiontas an radhairc.
Táimid scaoilte amach le chéile.
Mise i ndroch-ghiúmar is gan aon fhonn cainte.
Mo dhá thobar bainne
Ag luí ar mo thosach
Ina dtost chomh maith.
An triúr againn gan caint le chéile,
Ag caitheamh focáil is mallachtaí
Ar an saol inár dtimpeall.

Breasts Abound!

My soft breasts on rough sand.
They are having a day out
Under the sun
Free from chains and damned cords.
It is the first smoke, the first kiss,
Skin embracing the sand
Let out for the good weather.
Allowed out in this shelter.
They lie in the arms of the rocks
And falling from the cliff above
Where a nosy man would stand
With his tongue hanging out.
We are let out together.
I in bad humour and silent.
My two milky wells
Lying on my chest
Silent also,
Throwing curses and swears
At the world around us.

Leoithne Eangaigh

Coiscéimeanna cois aille
Faoi gheasa Lios Bhaile Dháith
Fionnuaire gheal Earrraigh am líobadh
Ar oilithreacht seo na smaointe.
Gach pluais mar a bheadh athair
Athair i ngach pluais
Rian chosa linbh ar sheanachéim.

Gach maidin Shathairn shiúlaimis
Taobh na haille siar 'ge Baile Dháith
Theagasc sé an nádúr dom sna hEitirí
Go dtagaimis go barr na haille
Ar an gCarraig Dhubh.

Leath maorgacht an tearmainn aille
Faoi mo chosa
Is do thuigeas gur liom féin anois í.

Síos le fána go Corraghráig
Go scread na n-anamacha
Trí líontán eangaigh
Fuaimeanna a nglórtha neamhdhaonnaí
Ag scréachaíl trí líon ar bharra an chlaí
Chonac aghaidheanna na sprid
Dom chur faoi gheasa.

Siosarnach ard ón gclaí le clos ar an aer
Mar a bheadh tocht uaignis
Is d'éistíos leo
Sara scaoileas mo sháil fén mbóithrín síos
Is na hanamacha im dhiaidh ag crapadh
Gan amhábhair an dorchadais
Níl béile m'intinne
Os a gcomhair chun tae
Geas eile scaoilte ar chosán na hathghiniúna.

nd through a Net

iff's edge
Baile Dháith's fairy fort
ing licking me
memories.

tsteps on an ancient footfall.

would walk
, Baile Dháith
nt nature to me in na hEitirí
Till we reached the cliff top
On Carraig Dhubh.

The splendour of this cliffside sanctuary
Lay beneath my feet
And I understood now that it was mine.

Down the slope to Corraghráig
The spirits screamed
Through the net on the ditch
The sounds of their unearthly cries
Screeching through
I saw the spirits' faces
Trying to cast a spell upon me.

A strange murmuring in the air
Like a fit of loneliness
And I listened to them
Before I set my foot down the lane
The spirits receding behind me
Without the ingredient of darkness
The food of my mind
Was not theirs for their tea.
Another spell lifted on the path of regeneration.

Péarlaí Drúchta

Geata gréine fé dhrúcht maidine,
péarlaí ag glioscarnach
is deora dé mar sheoda
ag luascadh go bog óna dhroim.

Scaladh gréine buí na maidine
ar gheata an ghoirt
cois scoile

is mo sheoidín beag
ag luascadh le binneas teangan
chomh leochaileach le mo phéarlaí drúchta.

Dew Drenched Pearls

Garden gate under morning dew,
pearls sparkle
like fuchsia jewels
softly bobbing on their backs.

Yellow morning sun permeates
on the field's gate
beside the school

and there my little jewel
sways with sweetness of language
as fragile as my dew drenched pearls.

Lelia

Leáfadh sí sliabh
Lena láchas
Le teann a maitheasa
Le boigeacht a meoin.

Míle mian inti
Dhá mhíle bóthar roimpi tráth
Ach d'fháisc sí an sliabh
Is chuaigh chun na fothaine.

Óna pluais tá gealgháire
Tá dathanna an domhain
Á spléachadh ar fhallaí na cruthaitheachta
Sruthán a shileann trína giniúint.

Tá margadh an mháithreachais
Déanta go teann aici.
Seile caite ar gach glaic
Lúbmhéarach fáiscithe

Ar bheirt mhac ag éirí aníos
Faoi chumann bheannacht a croí
Is a páirtí sléibhe.

Mar ná tógann sí uirthi aon
Scéal ach le barr feabhais.
Mianach inti go tréan.

Faoi chlúid teagascóra
Ar thalamh cathrach
Trí ghlórtha na Gaolainne aduaidh.
Coimeádann a dhá súil bheo, ghlasa
Súil ar leainbhíní beaga an tseomra ranga.

Lelia

She would melt mountains
With her kindness
With the strength of her goodness
With the softness of her attitude.

She has a thousand desires
Two thousand roads before her
But she embraced the hill
And took shelter.

From her cave comes laughter
The colours of the world
Splayed on creativity's walls
A vein that flows from her heritage.

She has made motherhoods
Bargain tightly.
A spit on each hand
Subtly embraced

Her two sons growing
Under the blessing of her heart
And her mountain partner.

For she takes on no task
Without a polish of excellence
She has it in her.

Under education's cover
On city lands
The sounds of Irish abound.
Her two bright green eyes
Watchful of the class children.

Foighne, diabhlaíocht agus uaisleacht.

Tá boghaisín na maitheasa ag dul
Don bhean seo
Ach scaoileadh léithe
Ó mhaorlathas an tsaoil.

Bhí mo mhac faoina fothain
An bhean is uaisle dá bhfuil aithne agam uirthi.

With patience, devilishness and pride.

Grant the rainbow of goodness
Upon this woman
And let her free
Of bureaucracy.

My son took her shelter
The most noble woman that I know.

Síchrann

Bhí síchrann
I Liatroim
Is rug sí an ceantar
Lena mireacht
Lena scáth
Lena geasa.

Bhí síchrann
I Liatroim
Is do chuir an lúb
Ar lár ar an saol is an stoca.

Fairy Tree

There was a fairy tree
In Leitrim
And she caught the place
With her madness
With her shadow
With her spell.

There was a fairy tree
In Leitrim
That lost a stitch
In the world and the stocking.

Duairceas

An ghealach is an réiltín
Ag suirí sa chlapsholas
Mar ardú toinne
I ndoircheadas a n-anama,
Meon suaimhnithe na hoíche.

Uaigneas fén gcnoc
Ach saoirse anama.

Tá an ghealach ag suirí
Le réiltín na spéire
Is mé lom fuar im chuisle.

Ardaíonn gileacht íor na spéire
Duairceas mo mheoin
Mar a bheadh an oíche
Ag beannú mo thaibhrimh,

Mar ba shíbhean mo réiltín
Ag cur geas na gileachta orm.

Ach spéir mhór dhubh
Mar chlóca draíochta
Ag tachtadh m'anála.

Ardóidh scamaill
Ar bhuaic Chnoc Bhréanainn
Le teacht na maidine
Is má tá gaois aiges na déithe
Spréachfaidh splanc na gileachta
Ar mo mheon.

Melancholy

The moon and the star
Are making love in the twilight
Like a rising wave
In the darkness of the soul,
The gentle attitude of night.

Loneliness under the mountain
But with freedom of soul.

The moon is making love
With the star of the night
And I cold naked in my pulse.

The brightness of the evening sky
Lifts the sullenness of my inclination
Like the night
Was blessing my dreams,

Like my star were a fairy
Casting a spell of brightness upon me.

But a huge black sky
Like a magic cloak
Chokes my breath.

Clouds will lift
On Mount Brandon's peak
With the coming of morning
And if the gods have wisdom
The spark of brightness
Will be cast upon me.

Pléasc Feirge

Tá goimh sa phléasc
Á faire go heaglach
Ag súilíní beaga
Criothán sa cholainn
Crústach ar dhoras
Pláta i gcoinne an fhalla
Béiceach gutha
Fearg anaithnid
Ag pléascadh
Maith dom
Mo phléasc
Maith dom
Mo dheora
Maith dom
M'fháisceadh
I ndiaidh feirge
Ní heol dom
A bunús
Ach go bpléascann sí
Gan choinne
Is tusa ag faire orm
Gan cháim
Gan chúis
Ach mo dhoimhinfhearg
Am thachtadh.

Eruption

There is a sting in the eruption
Frightened little eyes
Watching me
Shaking body
Kicking a door
A plate against a wall
Roaring voice
From unknown anger
Forgive me
My eruption
Forgive me
My tears
Forgive me
The post–catastrophic embrace
I know not its
Basis
But that she erupts
Without warning
And you watching me
Without blemish
Without reason
But my deep anger
Choking me.

Teanga na Teilifíse ag Suirí

Réamhthaighd mo theanga
Buiséadaigh mo bhainne
Pacáistigh mo bhríste uaim
Is taifead mo thírdhreach.

Bí id *bhoom-op* le mo bhladhm
Is ná ceartaigh ribe an gheata.
Spladhsáil is tástáil mé
Cuir eagar ar mo chromáin suaite.

Dathghrádaigh mo phléascadán
Is ná seachain seachadadh
D'fhaisnéise craicinn
Go líobfaidh mé do phláta.

Sex and the Language of Television

Research my tongue
Budget my milk
Package the pants off me
And record my vista.

Be the boom-op to my burst
And don't take the hair from the gate
Splice and taste me
Edit my shaking hips.

Colour-grade my orgasm
And don't forget delivery
Of the epidermis documentary
Till I lick your plate.

Aingeal Coimhdeachta – *Idir dhá Shaol*

Do sheas sí ag barra na haille
Is an chré ag ídiú faoina cosa
Súile sáite síos ar an bhfarraige
Ag sruthlú go fíochmhar
Ar charraig sa doimhneacht
A hanam á scaoileadh
Ó bhorradh go cloch
A corp imithe ina haigne
Ó charraig lom go síoraíocht uisciúil
Torann, tranglam agus tuirse
Ciúnas, suaimhneas agus sceimhle
Ag cur a géag ag rince gan neart
An ghaoth ag béiceach ar a laigeacht
Na heilimintí á mealladh
Le ceist na síoraíochta a fháisceadh
Scaoil leis, a dúradar,
Scaoil leis.

Do sheas sí ag barra na haille
Is an chré ag ídiú faoina cosa
Meallta anois ag an tsíoraíocht
Neart ag sileadh amach aisti
Uaigneas lomnocht á bá
Go dtáinig a haingeal coimhdeachta
Is do chuir lasair thar n-ais inti
Ingne loma agus greim an bháis aige uirthi
Do bheir an t-aingeal ar a corp
Is do tharraing siar ar an saol seo í.

Aiteas an ghloineacht idir dhá shaol
Mar a bheadh an tríú súil
Ag feiscint domhan na doircheachta

Guardian Angel – *Between Two Worlds*

She stood on the clifftop
Earth crumbling under her feet
Eyes strained on the sea
Trembling fiercely
Toward a rock in the deep
Her soul flowing
From rock to wave
A separation of body and mind
From bare rock to watery eternity
Noise, clanging and tiredness
Quiet, peace and terror
Making her limbs dance
The wind howling at her weakness
The elements enticing her
To embrace eternity
Let it go, they said,
Let it go.

She stood on the clifftop
Earth crumbling under her feet
Drawn now by the afterlife
Energy draining from her
A barren loneliness drowning her
Till her guardian angel came
And put a spark into her
Death's grip on one finger now
Till the angel caught her body
And dragged her back to this life.

Amazing the clarity between two worlds
Like a third eye
Peering into the world of darkness

Splanc sa ghníomh feiceálach
Mar ghlórtha dod fháisceadh
Dod mhealladh síos, siar, amach
Ach go raibh aingeal bán cneasta
A rug greim ar a hintinn
Is do chuir stad lena suirí leis an tsíoraíocht.

A spark in that affirmative action
Like sounds embracing you
Down, away and out
But there was a gentle white angel
Who caught her mind
And put a stop to her brush
With the afterlife.

Pinginí na Nollag

Pinginí na Nollag
Á dtógaint as an aer,
Mar thaibhsí folaithe.

Spás in áit bronntanas

Sceimhle sa chuntas bainc.
Páipéar daite folamh.
Guí chun an Naíonáin
Go dtiocfadh Trí Rí chughamsa.

Faire do Réalt na Maitheasa
Go mbeannófaí sinne
A thiteann idir dhá stól.

Ag cur an dubh ar na ngeal

Guí chun an Naíonáin
Ar son uaisleacht mheoin
Is suaimhneas aigne
I measc tranglam na Nollag.

Pennies for Christmas

Pennies for Christmas
Taken from the air,
Like empty ghosts.

Space instead of gifts

Fear in the bank account.
Empty wrapping-paper.
Prayer to the Infant
That the Three Kings would come to me.

Watching for the Star of Goodness
That we may be blessed
We who fall between two stools.

Putting brightness on the dark

Prayer to the Infant
For sincerity of attitude
And peace of mind
Amidst the chaos of Christmas.

Cailleach ag moladh na Síocanailíse

Dúirt Ardchailleach Éireann
Nárbh aon neach é seo
A bhí am thachtadh
Ach máchail intinne
Na fichiú haoise.
Bhuail taom aiféala mé
Im ghnáthúlacht.
Ní haon aistarraingt spride
A bhainfí asam
Ach cocstí na síocanailíse
Freagra fán i bpiolla bán
Mallachtóidh mo chumhachtsa
An bastairdín agamsa fós
Le teann trodúil
Líonfaidh mé poll mo spride
Is ní shúfaidh aon amadán gránna
Aon chuisle bróin asamsa choíche
Is liomsa an cath
Breá, ciúin, socair,
Fíochmhar.

The Witch Extolling the Virtues of Psychoanalysis

The High White Witch of Ireland
Told me that is was not a being
That was choking me
But a mental illness
Of the twentieth century.
A wave of regret flowed over me
In my ordinariness.
No spiritual exhumation
Would heal me
But the bullshit of psychoanalysis
White answers in white pills
But my power will curse
The bastard black out of me
With a fit of war
I'll fill the hole in my spirit
And no horrid fool
Will suck the pulse of sadness
From my breath
The fight is mine
Fine, quiet, even,
Fierce.

Turas an Phíopa

Caith do lúidín lúbach
Thar mo chom
Is ól mo ghal-leacht
Go dtugair tobac
Go dtugair splanc
Do mo dhúidín dubh
Is súigh anál na ceiste
Idir stól is pint
Mar a d'iarr do chomharsa
Fiche bliain ó shoin.

Lúbais do lúidín lúbach
Anuas ón sliabh
Deirge sa doircheacht
Le gach cos ar chré síos
Go teach an óil
Áit ná tabharfá freagra
Ar aiteas na scór bliain
Le do dhúidín dubh
Id chlab fé thost.

The Journey of the Pipe

Twist your pinkie
Around my waist
And drink liquid smoke
That you give tobacco
That you give light
To my black pipe
And suck the seeds of questioning
Between stool and pint
That your neighbour asked
Twenty years ago.

You wound you way
Down from the mountain
A spark in the dark
With every step on clay down
Where you would not answer
The madness of twenty years
With your black pipe
In your gob in silence.

Fiarsceoch

Mar a bheifeá
Ag féachaint tré ghloine
Is tú féin ar an dtaobh eile,
Duilleoga earraigh ar sciorradh
Ach le hanam fiarsceoch.

Rian ded scáil le feiscint
I leacacha órga na gcrann.
Taobh amuigh ar an bpábháil
Smut ded anam ar saoire
Sleabhcánta seachas díreach.

Táim ag féachaint tré ghloine
Ar mhacasamhail díom féin
Mar a bheadh fuinneamh
Na gaoithe ídithe
Is na duilleoga fós ag rince.

Sideways

Like looking through glass
At yourself on the other side,
Autumn leaves dance
A side-lunged soul.

Remnants of your reflection
In the trees' headstones.
Outside on the pavement
A bit of your soul taking flight
Sideways instead of straight.

I am looking through glass
At a portrait of myself
As if the wind's energy
Had subsided
But the leaves are still dancing.

Tadhg

Do mhuintir Uí Choileáin

Tháinig leoithne aniar ón Oileán
Is do chuir sé fé gheasa é,
Taom draíochta um theacht oíche
A shuaimhnigh a mheabhair.

Do bhí ualach sa ghaoth.
Do stad ceol na gaoithe
Go dtógadh uainn é
Deisbhéalach, caoin, lách,
Cneasta, comhráitiúil, gealgháireach,
De shíor ag eagrú is broidiúil.

Fear breá óg i mbarr a mhaitheasa
Sciobtha ag lucht na sí san oíche.

Go dtuga Dia grá
Dóibh siúd a ghráigh é,
Go dtuga pobal
Neart dá dhlúth-theaghlach,
Go lonraí solas aniar
Mar cheiliúradh beo
Ar fhear óg uasal.

Ar dheis Dé d'anam, a Thaidhg.
Tá do scáth de shíor
In Iarthar Duibhneach.

Tadhg

For muintir Uí Choileáin

A wind came southwest from the Blasket
And it put a spell on him,
A fit of magic as night fell
That settled his mind.

There was a weight in the wind.
And its music ceased
Till he was taken from us
Articulate, good and generous
Kind, conversational and smiling,
Always celebrating his tribe
Always busy and organizing.

A young man in his brightness
Stolen by the fairies at night.

May God grant love
To those who loved him,
That his tribe give strength
To the strength of his family,
That a light may shine over
A living delight
Of a fine young man.

At God's right hand may your soul lie, Tadhg.
Your shimmering light
Is left on West Kerry.

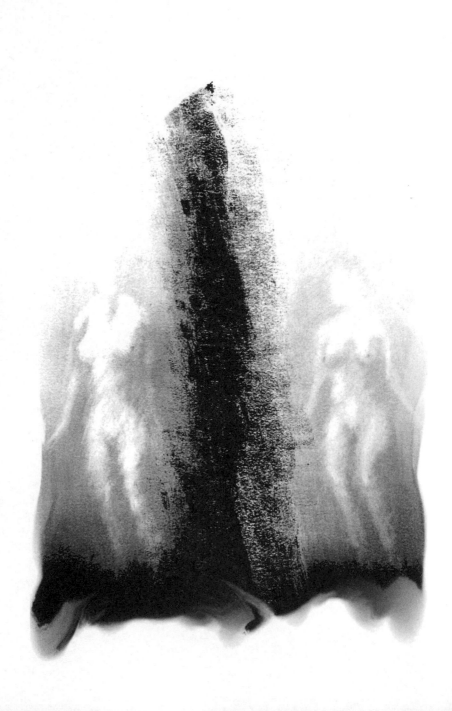

IV

An Trodaí

An Trodaí

I

Turas Aigne

Do sheas an Trodaí i lár céime
is bhí fhios aici go raibh umar an chatha léithe
gach léim, gach gáir, gach lúb ar lár, gach dorn ardaithe
gach teann ceanndánachta uasal
titithe óna méaranta

mar na scéalta a d'inis Spiorad na hOíche léithe
bréagchathanna cuisle, scáil fise go bhféadfá greim a leagan orthu
an seomra mar a bheadh
ach na daoine, na daoine ba mhó a haithne orthu
fuar agus gránna
suarachas don Trodaí a leithéid de chacamas

ach is bean í an Trodaí fíochmhar seo
tá a croí oscailte is a súile leáite
agus a meabhair ag prapáil léithe
gan stad gan staonadh
tá meabhair inti
ach tá a croí lag

tá máchail éigin ar néaróga na hintinne
a chasann ina dtranglam a cuid smaointe
má tá féin, dob í a móid
go gceansódh sí an diabhal gránna san
a bhí á tachtadh
sprideanna beaga agus pus orthu ag *smooch*eáil timpeall

The Warrior

I

An Internal Journey

The Warrior stood in mid-flight
knowing the belly of the flight was with her
each leap, each cry, each missing link, each raised fist
each headstrong fit
fallen through her fingers

like the stories the Night Spirits told her
false, pulsating wars, you could almost touch them
the room as is
but the people, the ones she knew best
cold and horrible
the Warrior didn't need this kind of hassle

for this Warrior is a fierce woman
with an open mind and eyes peeled
her mind pushing her faculties
never stopping
she is bright
but her heart is weak

the nerves in the mind are sick
and churn her thoughts
even so, she swore
she would beat the devil
that was choking her
the little spirits with a pus on them smooching around

ag cur na goimhe ar nach éinne
nó ar a mbarraicíní timpeall uirthi
féachaint an bpléascfadh sí

níorbh í seo an Trodaí
ba í seo an t-aisteoir ag lorg drámaíocht lárstáitse
in ainm na drámaíochta agus na féintuisceana
glór istigh ag béiceach
go dtuigfeadh duine éigin ionracas a sceimhle
Trodaí sceimhlithe gan de mhisneach aici ach an cath
pé diabhal cath gan dealramh a bhí os a comhair
nó tabhairt isteach don sceimhle

cara an sceimhle céanna ar uairibh
mar go dtugadh sí dlús dá gnó
nó go mbeadh smut de áit éigin ina diaidh
nuair a bhíodh sruthanna na cruthaitheachta
ag lapadaíl leothu trína méaranta
nó ag sú isteach spleodar radharc tíre
nó cosa Dé is castacht scamall
bhí a sprid ar lasair

nó an rud ab ansa léithe
dhá shúil a bhí lán de rud éigin arbh í mian a croí
dhá shúil dhíreacha, lán le sonas iontu féin
gan díreach di sin ach dóibhsean ar aon
tuiscint dhoimhin bheith eatarthu gur trodaí í
agus dá bhfaigheadh sí anál na tuisceana
sin go dtabharfadh sí grá a croí
agus lán a dúthrachta don aontas sin
chomh fada is go mbeadh an bheirt acu ag comhlíonadh a gcoda
agus sásta le chéile agus leo féin

pissing everybody off
or else tiptoeing around her
waiting to see if she would explode

this was not the Warrior
this was the actor seeking centre stage
in the name of drama and self-indulgence
a sound screaming inside that someone would
understand her terror
a frightened warrior with only a fight
whatever bloody fight there was
or give in to the terror

this terror was a friend
who motivated her
always lurking about
but when the streams of creativity
danced through her fingers
or she soaked a splendorous sight
or the rays of the sun under a cloud
her spirit was alive

or the thing she wanted most
two eyes full of that something
two eyes, happy in themselves
not just for her but for them
with a deep understanding that she was a warrior
if she got the breath of understanding
that she would give her heart's love
and her full attention to that union
as long as they both did their bit
happy with each other and themselves

go mbeadh sliabh tuisceana
idir í agus duine eile
a thabharfadh grá fireann di agus í ag dul go barr a maitheasa
ach níl a leithéid de dhuine ar an domhan seo
a chuirfeadh a dhá lámh timpeall ar throdaí
ar bhean
lán de laigeacht agus fíochmhaireacht in aon turas
chomh scáthúil leis na scamaill

ní ann don fhear a chreidfeadh go gcneasódh sí
dá dtugfaí creidiúint di
agus dhá lámh fháisciúla, chiúine a chur thar a com
nuair a bheadh sí faoi scamall dubh na doircheachta

ní ann don fhear sin
ach fágann san gur inti féin atá an leigheas
ach tá an mian sruthlaithe as a cuid fola le teann troda
agus síorchatha agus iomrascáil intinne
agus an sceimhle gránna

fágann san an Trodaí céanna gan uaireanta
ach fuaireacht de leathchuimhne
ar an saol mar atá sé le maireachtaint
dualgais, mac, tigh, airgead, cúlchaint
tachtadh intinne agus easpa comhluadair intleachtúil
paróisteachas agus macasamhail saoil

that there would be a mountain of understanding
between her and that person
that would give her love as she blossomed
such a person does not exist
who would put their arms around a warrior
a woman
full of weakness and fierceness at once
as shadowy as the clouds

there does not exist a man who
could believe that she would be healed
and would give credit to her
and put two welcome arms around her waist
when she was under the black cloud of darkness

such a man does not exist
that leaves her to find the potion
her desire brimming in her pulse
and endless wars and mental unrest

so the Warrior is left
with a half-cold memory
of life as it is to be lived
responsibilities, a son, house, money, gossip
mental strangulation and lack of intellectual companionship
parochialism and a half-baked life

II

An Turas go Corcaigh

Do lean sí léithe, gan leanbh
gan faic ina croí ach an bóthar
agus umar éigin maitheasa ag a ceann scríbe
doircheacht ghránna ag crochadh os a cionn feadh an ama
béicigh ag canadh lena ceol cairte
cos go hurlár agus bhí sí fuar, neamhspleách

gan de mhaitheas fágtha inti ach conas a dhéanfadh sí an bheart
sciorradh fé nótaí a d'fhágfadh sí
is cé dhóibh a d'fhágfadh sí iad
nó ba chuma sa diabhal léithe i ndeireadh an lae
toisc go raibh sí caillte sa doircheacht

a chóngaraí a tháinig Maigh Chromtha chúichi
ba dhoimhne an doircheacht
bhí ceist le cur anso
bhí an bás ina diaidh go scáthúil anois
bhí béicigh le déanamh ar na Déithe
mar go raibh an Trodaí i mbaol a báis.

II

The Trip to Cork

She carried on childless
the road in her heart
and a vessel of goodness at her destination
a great darkness always hanging over her
roaring lyrics with the car stereo
foot to the floor, she was independently cold

with no goodness now only how she would commit the act
filtering through notes she would leave
and to whom she would leave them
she didn't give a damn at this stage
for she was lost in the darkness

the closer Macroom came
the deeper the darkness
there was a question to be put here
death was not a shadow behind her
there was roaring to be done at the Gods
for the Warrior was close to death.

III

Tobar Ghobnatan

Luigh sí ag éisteacht le siosarnach an tsrutháin
ag éisteacht is ag ciúiniú na haigne don achainí a bhí le déanamh
reilig os a comhair
fear óg curtha ach níorbh áil di cos a leagan ar ithreach na reilige
d'fhonn an bás a fháiltiú róthapaidh

d'ól sí gal na sástachta.
shiúlaigh sí fé bhealach an tobair, cosán thar shruthán
bhí an ghrian ag leath-imirt trí na duilleoga glasa os a cionn
an mothú na draíochta san a bhraith sí cheana
is a mheall thar n-ais í

chuala sí gadhar ag sceamhaíl
an sceamhaíl fhíochmhar, phianmhar
osnádúrtha ag scréachaigh
agus chaith sí smaoineamh ina threo babhta amháin
nó babhta eile féachaint ar chóir di
ceann a thógaint dó nó leanúint lena gnó
ach stad sí agus d'fhiafraigh go tobann
cad é a guí ag an dtobar seo
stop an glór láithreach agus dúirt sí
suaimhneas aigne
dá mbeadh sí ag lorg aon ní ar an domhan seo
ghuífeadh sí ar mhaithe le suaimhneas aigne
a bheith aici istigh go smior
ach an bhfuil a hachainí rómhór?
nach bhfuil an méid sin tuillte aici?

III

The Well of Gobnait

She lay listening to the babbling of the stream
listening and quietening the mind in preparation for her plea
a graveyard facing her
a young man buried but she could not step on its soil
lest she entice death more quickly

she smoked a happy smoke
and walked the way of the well, a path over a stream
the sun playing through the green leaves overhead
the magic she had felt before
and drew her back

she heard a dog howl
a fierce, painful, howl
an otherworldly screaming
she threw a thought toward it once
or twice wondering whether to pay
attention or continue on her business
but she stopped and suddenly asked
what was her prayer at this well
the sound stopped and she said
peace of mind
if she was looking for anything in this world
she would pray for peace of mind
peace to her core
but is her prayer too great?

dhírigh sí léithe go dtí an crann agus an tobar
agus na ceirteanna is na paidríní
is na rudaí beaga aite eile a bhí crochta mórthimpeall
agus léigh sí turas na hoilithreachta

ar dtús bhí sé casta go maith a dhéanamh amach
cé mhéid paidir a bhí le rá ag cén stad
agus sa deireadh thiar thall
bhí sí ag fáil bailithe de agus ansan chonaic go gcaithfí
'Creidim i nDia'
a rá ag gach stad i ndiaidh na bpaidreacha

bhí a fhios aici láithreach nárbh di sin an modh seo
agus bhain sí di a brat gruaige corcra
agus thóg cúpla céim síos i dtreo an tobair
uisce agus duilleoga tititthe agus ithreach agus
d'fháisc sí an brat
chuir sí fé thobar an uisce ansan é
agus chuir sí an brat fuar, néarógúil
lena héadan, arís lena haghaidh
agus arís le cúl a muiníl

báthadh, suathadh, dúiseacht
bhraith sí éagsúil,
is d'ól trí huaire ón tobar
is thóg sí an brat
agus phrioc sí amach féith thaitneamhach
a bhí ag glaoch uirthi ón gcrann leis an mbrat a cheangal léithe
a hofráil chuig Gobnait
nó aon ní a bhí ag éisteacht
go n-éistfeadh sí lena guí

she headed for the tree and the well
with its beads and cloths
and other odds and ends hanging about
and she read the ritual of the pilgrimage

at first it was difficult to figure out
how many prayers to say at each stop
and in the heel of the hunt
she was getting fed up and she saw that
she would have to say
'I Believe in God'
at each step after the prayers

she knew immediately that this way was not hers
and she took off her purple headband
and took a few steps toward the well
fallen leaves and water and clay
she squeezed the cloth
and plunged into the waters of the well
and she placed the cold, tingling cloth
to her forehead again to her face
and again to the back of her neck

drowning, immersion, awakening
she felt different
and drank three times from the well
and took her cloth
and chose a pleasing branch
calling to her from the tree and tied the cloth
her offering to Gobnait
or any listening being
that they would listen to her prayer

ar shiúl amach di
b'ait léi a gníomh ach bhí dúiseacht éigin inti
bhéic os ard ar a hathair, ar Dhia, ar Bhúda
ar gach sean-Dé
fóir orm, táim ag titim
tá mo smaointe titithe as a chéile
gaineamhlach faoi stoirm
agus níl fágtha ach creatlach traochta ag lorg cabhrach

shiúlaigh sí léithe fós sa tsiúl
cuisle inti, a cuisle, b'fhéidir gan fonn
ach faid is a bhí cuisle ann
bhí an Trodaí
is an bhean
is an mháthair
is an duine
fós ann
buíochas le Dia éigin.

IV

Scáil

Do tháinig sí go Loch na Scáil
féachaint an mbeadh smut dá scáil féinig ann
fhliuch sé agus fhliuch sé agus
bhí corrstróinséir timpeall agus
ní raibh faic uaithi, ach dul síos taobh na locha
lomnocht faoin mbáistigh
is snámh fada a dhéanamh
d'fhonn gur cleasaíocht na doimhneachta
is na doircheachta is na dúisithe
a bhí á mealladh

as she walked out
she found her actions strange but there was an awakening
and she roared aloud at her father, at God, at Buddha
at all the ancient gods
help me, I am falling
my thoughts have fallen apart
a storm in the desert
and all there is is a skeleton, tired and seeking help

she kept on walking
a pulse in her, perhaps without conviction
but as long as there was a pulse
the Warrior
and the woman
and the mother
and the person
were still there
thanks to some god.

IV

The Lake of Scáil

She came to the Lake of Scáil
to see if she could find her reflection
it rained and rained
and the odd stranger was about
and all she wanted was to go to the lakeside
bare naked in the rain
as if the trickery of the deep
were enticing her

go slogfadh an síscáil í ón ualach a bhí á tarraingt síos
ach bhraith sí in áit éigin níos airde
go mbeadh cneasú ann dá ndéanfadh sí san
ach bhí an lá dorcha, gruama, scamallach
salach, fliuch ina ghluaisteacht is ina mheon

do bhí Scáil sa loch
bhí na mná sí ag imirt léithe
na déithe ag déanamh a gcoda
ach labhair Scáil ón loch chúichi
i gciúnas éigin ina ceann
labhair sí teanga an nádúir
fuaimeanna na báistí, is na gaoithe
is an uisce is an aeir
ag beannú i gcoinnibh an tsléibhe

i bhfothain na cairte, ní raibh aon chiall leis an fhuaim
d'éirigh sí amach faoin bhfliuchras trom
chaith seaicéad dubh leathfhada uirthi
agus siúd síos cois locha isteach sa chom di le teann éisteachta

ach níor labhair sí
ach gur ghoil sí
is ghoil sí agus fliuchadh agus fliuchadh í
agus fáisceadh ualach an fhliuchrais croí
agus sprideanna le chéile
gur tháinig sracadh ina putóga
mar phian fhíochmhar
glór a gceall is an chraicinn
is pléascadh fíochmhar trí chanáil na faighne
ag breith báis agus feochadh spride
in aon turas

the fairy shadow might swallow and release her
but she felt something higher
and that there would be healing if she did that
but the day was dark and cloudy
filthy-wet in its movement and inclination

Scáil was in the lake
and the fairy women were taking the piss out of her
the gods were doing their thing
but Scáil spoke to her from the lake
in a quiet space in her head
she spoke the language of nature
the sounds of the rain and the wind
and the water and the air
greeting toward the mountain

the sound made no sense in the car
so she got out under the heavy rain
put on a long black coat
and headed by the lake into the valley to listen

but she did not speak
she cried
and cried and got wetter and wetter
drowning the heaviness in her heart
and the spirits at once
until her insides tore
like a fierce pain
skin cells shrieking
an eruption in the vagina
bringing death and killing the spirit
at once

d'fhéach sí suas in airde ar an mbeirt fhathach sléibhe cloiche
árysa lena mbearnaí
agus a sléibhte buaiciúla ag tathaint uirthi
sceimhle
bhí sí sceimhlithe roimis an saol
ní fhéadfadh sí a méar tuisceana a leagan air
mar bhí sé os a comhair

ábharachas saoil í an ea go n-éileodh sí mar cheart maireachtála
scaoileadh lena sprid.
laigeacht na haicíde géire
a chuireann sleaidí faoi chosa ban
agus iad ag iarraidh breith ar chleite fear

shiúlaigh léithe go doimhin
isteach sa ghleann faoin bhfliuchras
ach stad sí
chas sí
thapaigh a cois
is dhreap sí thar n-ais
chuala scréach ard os cionn na binne

chonaic sreangán casta de chrann
chuala go gciúnódh sí a haigne faoin dtranglam fuaime
mar an fiolar os a cionn ag cosaint a gearrcach
d'fhreagair Scáil
tríd an gcomhrá aonair
tríd an gciúnas
tríd an anál aonair
beidh sé ceart
dúisigh, a bhean, is tóg do cheannas
go réidh

she looked up at the two great giant mountains
ancient gaps
and at the great stacks threatening down upon her
terror
she was terrified of the world
and was unable to put a finger on it
for it was before her

she demanded as a right
to let her spirit go
the weaknesses of love
that makes a mess of women
chasing wayward men

she walked deeply
into the valley in the wetness
but she stopped
and she turned
her step quickened
as she made her way back
she heard a high shriek from the peak

now she saw a twisted tree of dead wood
and heard herself calming in the confusion
like the eagle watching its young
Scáil replied
in silent conversation
through the quiet
through every breath
it will be okay
wake up, woman, and take command
easy

nádúrtha
beir gréim ar an aer
is líon do chorp le barr a maitheasa
tá domhan na Scáile ionat
agus is Trodaí thú.

naturally
catch the air
fill your body with goodness
the world of Scáil is in you
for you are a Warrior.

Trodaí an Tí Cheangailte

I bhfoscadh an tí cheangailte
taibhsíonn sí na Triúr Deirféar
níl siad ina breithláimh
ach i dtaisce na hintinne
gan ghlór sa chistin uathoibríoch
gan treabh sa chathair seo
braitheann sí Com an Lochaigh
fásach sléibhtiúil gan smál daonnaí
fón gan bhualadh
seacht lá gan chomhrá
ach tochailt an phinn ar phár
míle bliain in aon ghealach
lasta bídh i bhfáisceadh póg
i bhfoscadh an tí cheangailte
casann Trodaí ina máthair.

The Warrior and the Semi-D

In the semi-d
she imagines the Three Sisters
not in her hand
but in her mind
no sound in the automatic kitchen
no tribe in this city
she feels Com an Lochaigh
mountain desert where no human has touched
No phone ringing
seven days without conversation
but the scratch of pen on paper
a thousand years in one moon
a feast in a kiss
in the shelter of the semi-d
the Warrior becomes a mother.

Folús an Trodaí

Tháinig an Trodaí
go críocha uachtaraigh an phléisiúir
nuair a rugadh a corp
ar thaobh faille
cruinn díreach ar fhéachaint
Inis Tuaisceart.
Sruthlaíodh í go folús
triantánach corcra agus glas
i mbuaic an nádúir,
cré agus craiceann
leáigh sí isteach sa leithinis
glórbhéic dhúchais á fáiltiú
ba neach agus ní fear
a ghoid go síúil í
san iomrascáil choirp
lé pléasc míle bliain
asanálú collaí
le gáir an tsuaimhnis
á craitheadh inti
is buíochas do na déithe
a mheall beocht aisti
is í chomh ciúin anois
le léinseach farraige
mar shnámh gealaí
ina fliuchras.

Vacuum

The Warrior came
into the upper echelons of pleasure
when her body was snatched
on the cliff side
a straight view
to Inis Tuaisceart
she dissolved into a vacuum
of purple and green prisms
in the height of their nature
earth and skin
she melted into the peninsula
blood-tied roars welcoming her
it was a being and not a man
who stole her, fairylike,
in bodily frolic
with a thousand-year roar
and a sexual exhalation
shaking within her
and thanks to the gods
that awoke her spirit
as quiet now
as a calm sea
or a moonlight swim
in its wetness.

An Trodaí agus an Sealgaire I

Bhí an Sealgaire ag iascach sa *Sound*
is flúirse maicréal ag breith
bhí an Trodaí thíos ar an dtráigh
á gealú féin faoi theas na gréine
gan rian fíochmhaireachta inti
do léim sé óna bhád
is cúig léim leis isteach
bhuail an Trodaí leis an tSealgaire
is do dheineadar comhrá
faoi chlóca draíochta an tsamhraidh
do dheineadar grá
go buaic na binne
d'itheadar maicréil sáile
is fíon dearg le n-ól
is an Trodaí is an Sealgaire
ag glacadh saoire sí
ar oileán na draíochta.

The Warrior and the Hunter I

The Hunter was fishing in the Sound
and the mackerel were biting
the Warrior was on the beach
brightening herself under the heat of the sun
without a trace of fierceness in her
he leapt from the boat
five leaps inside
and the Warrior met the Hunter
and they made conversation
under the magic cloak of summer
they made love
to the peak of pleasure
and ate salty mackerel
and red wine on their lips
and the Warrior and the Hunter
took a fairy holiday
on the island of magic.

An Trodaí agus an Sealgaire II

Chuaigh an Sealgaire ag seilg ealaíne
is chuaigh an Trodaí chun suain
eisean ag iarraidh breith ar splanc
is ise ag sú na bhfocal
ba dheas an sos comhluadair
chun cumhacht na beirte a cheansú
searrach asail beirthe ar an oileán
is breith na buaice sa chollaí
fealsúnacht sa mhalairt focal
is faid agus leithead na farraige eatarthu
tiocfaidh splanc an tSealgaire
is lúbfar focail ón mnaoi
i dtaipéis chruthaitheach an tsaoil
ceangal cleamhnais an nádúir
is tráfaidh taoide na beirte.

The Warrior and the Hunter II

The Hunter went hunting art
and the Warrior went towards peace
he trying to snare a spark
and she suckling words
a welcome break in the company
to weigh the power of the two
a donkey foal born on the Island
and clasping pinnacles of lovemaking
a philosophy in the exchange of words
and the length and breadth of the sea between them
the Hunter's spark will come
and the woman's words will loop
in the creative tapestry of life
a natural connection
both tides will ebb.

An Trodaí agus an Mac Tíre

Tháinig an Mac Tíre go dtí an Trodaí
i gclapsholas an tráthnóna
tine lasta is teas lena hais
dhá shúil mic tíre
ag stánadh uirthi
bhraith sí ar a compord
i measc olagón scórnaí an ghadhair
paca mac tírigh ag olagón
ag canadh os íseal is os ard

Chuala sí arís an glór
is méaranta báite ag méarchlár
gnáthshaol an Trodaí
ag streachailt le focail is teanga
ach dá mhéid a chuimhnigh sí
ar easpa luacha an tsaoil sin
bhí sí teanntaithe ar gach taobh
ag cúraimí
ach chuala sí an glór
tháinig an sceamhaíl
is rinne sí athnuachan ar a
suirí leis an Mac Tíre
is an áit sin ina meabhair
ina bhfuil sí saor.

The Warrior and the Wolf

The Wolf came to the Warrior
in the twilight of evening
a fire lighting and heat at her side
two wolfish eyes
staring at her
she felt at her ease
amidst the throat-wailing of the dog
a pack of wolves wailing
singing high and singing low

she heard the sound again
with fingers drowned on a keyboard
the ordinary life of the Warrior
grappling with words
and the more she thought
of that life's lack of value
she was cornered on all sides
with responsibility
but she heard the sound
the cry came
and she renewed her wooing
of the Wolf
and that place in her mind
where she was free.

Cúrán an Chuasa

Cúrán bán ar an gCuas
oíche stoirme sleamhnaithe
isteach sa rince sobalach
ar chraiceann an uisce
seasann an Trodaí leis an ngaoth
séideadh inmheánach ina cloigeann
le súil is féith fé anál na haimsire
theanntaigh sí an diabhal lena eireaball
a chuir cúrán is raic ina rince
fé mar a d'ól sí an fharraige
is go bhfuil sí dúisithe ag rian na stoirme
tá glogarnach fhíochmhar ag an bpluais
a itheann isteach san fhaill ar bhun an Chuasa
urlacan sáile is raic amach aisti
is faireann an Trodaí ar an ngob mór
minic a slogadh isteach í
mar thromluí gan aithne ná urlabhra
ag caitheamh cúrán donn ar gach taobh
tá íor na spéire ag lúbadh
mar a bheadh nathair nimhe faireach
go n-ardódh gaoth gheimhriúil eile
is í ar tí an diabhal a thachtadh
líonann Cuas an Bhodaigh le gaoth
pléascann tonn thar charrraig isteach
ach leanann an Trodaí ag siúl
faoi scrabha bog báistí
mar nach bhfuil ocras na stoirme sáraithe
is nach mbeidh choíche.

Cuas Foam

White foam in Cuas
with the night's storm slipping
into the frothy dance
on the skin of the water
the Warrior stands with the wind
an inner turmoil in her head
with eye and vein on the weather
she caught the devil by the tail
putting spume and *raic* in her dance
like she drank the ocean
and she is woken by the storm's remains
the cave has a massive gurgling
eating into the bottom of Cuas
vomiting sea water and *raic* out of her
and the Warrior watches the huge mouth
often she was swallowed in
like an unconscious nightmare
throwing foam on all sides
the horizon is writhing
like a watchful snake
that a wintery gale would rise
as she was on the brink of strangling the devil
Cuas an Bhodaigh fills with wind
as a wave explodes over a rock
but the Warrior continues to walk
under a soft shower of rain
for the storm's hunger has not abated
and it never will.

An Trodaí ar a Caoil

Sa taibhreamh bhí an Trodaí ar a caoil
scáthmhac lena hais
is árthaigh mhóra dí á slogadh ag an Trodaí
mireacht ina súile is crapadh ar a guth
léim sí in airde sa leabaidh
croí ag preabarnaigh
allas ag sileadh amach aisti
cá raibh a mac
ach ina chodladh go sámh
taibhsí na hoícheanta dí ina ceann
muir fholamh a tréimhse gan dí
an ghileacht is an tsoiléire
faoiseamh ón amadántaíocht
a bhí san aigéan glan
ach tháinig siad chúichi san oíche
mar thathaint is mar mhagadh.

The Drunken Warrior

In the dream the Warrior was pissed
shadow son by her side
and great vessels of drink being drunk by her
madness in her eyes and a slur in her voice
she leapt up in the bed
sweat pouring out of her
where was her son
but sleeping soundly
the ghosts of drunken nights in her head
her abstinence was an empty ocean
the brightness and clarity
respite from the craziness
in that clear sea
but they came to her in the night
to taunt and laugh at her.

An Trodaí agus an tÉad

Tá an Trodaí ag sú
seirbhe na binbeachta
i bhfochair iarleannáin
i ndoimhne na haithne
ag sileadh as gach droch-ghuí
tá fuacht leis an gcomhluadar
is faobhar lena meon
sula gcaitear mallacht eile
ó éagmais an éada
is tuar fola na haithne
tá sí ar bior
mar go bhfuil an cath seo cloíte
is ní gá di dul chun troda.

The Warrior and Jealousy

The Warrior is soaking
the sourness of venom
in the company of a former lover
the knowledge deepens
pouring with each cursed prayer
there is a coldness in the company
and a sharpness to her attitude
before another curse is thrown
from the embers of jealousy
and the bloody well of knowledge
she is ready
for this war is long over
and she need not fight for it.

An Trodaí i nGleann na gCrann

Tháinig an Trodaí go Gleann an gCrann
is a leannán ag líonadh poll a cléibhe
saoire máithreachais óna mac
is anál fhada fén mbáisteach
líonann is líonann sé an poll
is cneasaíonn an créacht
le focail is tadhlaíocht
geas grá faoi chlúid
ón sealgaire mothálach
is draíocht na comhthuisceana
luigh an Trodaí i ngleann na gcrann
baithis dhuilleogach Fómhair
á mealladh le faoistin aonair
is saoirse tuisceana
líob lom mé, a leannáin,
mar go dtiocfaidh an geimhreadh.

The Warrior in the Valley of Trees

The Warrior came to the Valley of Trees
and her lover filled the hole in her side
maternity leave from a son
and a long breath under the rain
he fills and fills the hole
and the wound heals
with words and tactility
love's spell under a cover
from the feeling hunter
and the magic of understanding
the Warrior lay in the valley of trees
crowning leaves of Autumn
enticing her private confessions
lover, lick me naked
for winter is coming.

An Trodaí agus an Grá

Ní labhrann an Trodaí faoi ghrá
go gcuireann sé sceimhle ar fhearaibh
gnúsachtaíl íseal faoi chlúid
sracfhéachaint ar uairibh
ach ní hosclaíonn sí a béal
ceal tairngreachta
go dtiocfadh scamall ar chaidreamh
is áiféis idir bean is fear
ní labhrann an Trodaí faoi ghrá
ach mím spleodarach a gnímh
cogarnaíl íseal fén ngaoth
a chuireann saighead sa chroí.

The Warrior and Love

The Warrior does not speak of love
because it puts fear into the hearts of men
a low guttural under a cover
a chance visual exchange
but she opens not her mouth
without the prophecy
that a cloud shroud the company
and a nonsense between woman and man
the Warrior does not speak of love
but the splendorous mime
of her actions
that puts an arrow through the heart.

An Trodaí ag an Tobar

Tháinig an Trodaí chuig an tobar
is tathaint tonnmhar suaite
luite síos ag líobadh na léinseach
achainí ní raibh aici
ach glór guí leis an ngaoth
ar Ghobnait na maitheasa
is paidir éadaigh ar chrann
claochlaithe ó chorcra go bán
is an Trodaí á báthadh féin
i mbeannachtaí an leachta bheannaithe
go sárófaí diabhal a hintinne
bliain imithe ó chroch sí an brat
is éisteacht a fuair sí ar a hachainí
sprideanna na mire ciúnaithe
is thum sí a cosa sa tobar
d'fhonn suaimhneas a mhealladh
roimh theacht an gheimhridh.

The Warrior at the Well

The Warrior came to the well
the wave-swelling fierceness nagging
lying down and licking the calmness
she had no request
prayer sounding to the wind
to Gobnait the good
and a cloth prayer on a tree
transformed from purple to white
the Warrior drowning herself
in the holy liquid
that the devil be beaten
a year had passed since she hung the cloth
and found answer to her prayers
the spirits of madness were silenced
and she bathed her feet in the well
to entice peace
before the coming of winter.

An Trodaí agus an Sealgaire ag Seilg

Bhí an Sealgaire ag dul ag seilg
is níorbh áil leis an Trodaí a fhiach
casadh taoide a imeacht
mar gur duine ann fhéin a bhí
sa tSealgaire mothálach
is ná raibh ag an Trodaí
líontán draíochta a cheansódh é
is nuair a d'fhillfeadh sé ón tseilg
an mbeadh a philibín gan smál ó
mhná eile?
nach in é bun is barr na faidhbe
strachailt le mianach muiníne,
an namhaid is fíochmhaire aici
go mbeadh anál an ghrá
ina hábhar leighis,
nó an bhfanfadh an Trodaí ag faire ar an aimsir
a thabharfadh abhaile lán é
is isteach faoina brat arís?

The Warrior and the Hunter go Hunting

The Hunter was going hunting
and the Warrior did not like his prey
his going was the turning of the tide
for the feeling Hunter was at one
with himself
and the Warrior did not possess
a magical net that could tether him
and when he returned from the hunt
would his prick be free of another
woman's stain?
that's the crux of the problem,
tackling the essence of trust
her fiercest enemy
would the breath of love
be a healing balm,
or would the Warrior watch the weather
that would bring him back home full
and deep under her cloak?

An Trodaí agus an Ghlas Ghaibhneach

Do Phat Chonair

Tráth dá raibh an Trodaí ag siúl an tsleasa
timpeall Pharóiste Múrach
do chonaic sí bó bhreá bhainne
taibhsíodh di an Ghlas Ghaibhneach
is í ag tál bainne i scata áiteanna
bhí an Trodaí is an bhó
ag lorg talamh méith
le go n-íosfaidís greim
go dtí gur labhair an slios
is threoraigh go hIothallaigh an Loinsigh iad
i mBaile na bPoc
is siúd leothu beirt
go hArd Thomáisín Sheáin Bheaglaoich
i mBaile Ghainnín
bó mhiotasach na flúirse
ag taisteal na slí
is gur cuimhin leis an Trodaí a scéal
ó bheola na seandaoine
mar tá fáithe ar an slios seo
ar ar bronnadh béaloideas draíochtúil
an dá áit i bParóiste Múrach
a d'ith an Ghlas Ghaibhneach
is an Trodaí ar thóir a cuid bainne.

The Warrior and the *Glas Ghaibhneach*

For Pat Chonair

Once the Warrior walked the circle
around Paróiste Múrach
she saw a fine milk-cow
and dreamed of the *Glas Ghaibhneach*
lactating all over the place
the Warrior and the cow
were seeking good land
that they might eat
till the circle spoke
and lured them to Iothallaigh an Loinsigh
in Baile na bPoc
off the two of them went
to Ard Thomáisín Sheáin Bheaglaoich
in Baile Ghainnín
the mythological cow of plenty
that travelled the way
and the Warrior heard its tale
from the mouths of the elders
for there are prophets on this path
who were bestowed the magic of folklore
the two places in Paróiste Múrach
that the *Glas Ghaibhneach* ate
and the Warrior sought her milk.